AF196394

ISBN 978-3-649-61149-3

© 2013 Coppenrath Verlag GmbH & Co. KG
Hafenweg 30, 48155 Münster, Germany
Redaktion: Dagmar Becker
Textsatz: Thomas Wolters, Inter[net]litho

www.coppenrath.de

Katja Reider

Das kleine Glück
klopft an

Mit Illustrationen von Günther Jakobs

COPPENRATH

Gestatten, das ist das kleine Glück.
Pardon?
Das kleine Glück stellt man sich
anders vor?

Mag sein.
Das geht ja vielen so
mit dem kleinen Glück.
Deswegen wird es auch
so selten erkannt.

Von Zeit zu Zeit sogar beschimpft:
Das kleine Glück sei nie da,
wenn man es braucht, heißt es dann.

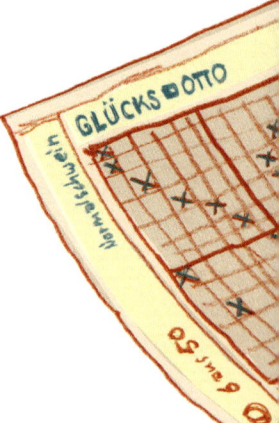

Dabei tut das kleine Glück wirklich,
was es kann!

Zuweilen trifft es auf erschwerte
Bedingungen.

So mancher schirmt sich ab.

Ja, das kleine Glück hat es nicht leicht.

Viele sind anspruchsvoll.

Und gleichzeitig blind.

Jeder wartet
auf eine Glückssträhne.

Anstatt das kleine Glück einfach
beim Schopf zu packen,
wenn es vorbeikommt.

Man konzentriert sich halt auf das
Wesentliche.
Oder was man dafür hält.

Wobei – ups! – natürlich einiges
hinten runterfällt.
Manchmal eben auch
das kleine Glück.

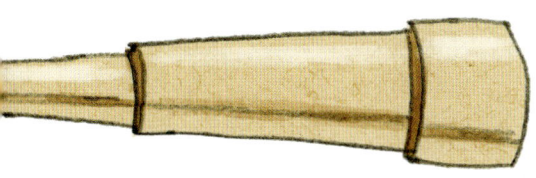

Das ist ja kaum zu vermeiden.

Wenn man nur das Ziel im Blick hat.

Und darüber den Weg vergisst.

Ja, was soll denn das kleine Glück
da machen?

Es versucht natürlich, woanders zu
landen...

...was nicht immer ganz ungefährlich ist.

Und häufig vergebens.

Ach, an manchen Tagen,
da mag das kleine Glück nicht mehr.

Dabei ist es doch im Grunde
ganz einfach!

Und ebenso wahr
wie sonnenklar:

Das kleine Glück...

... es ist schon da!

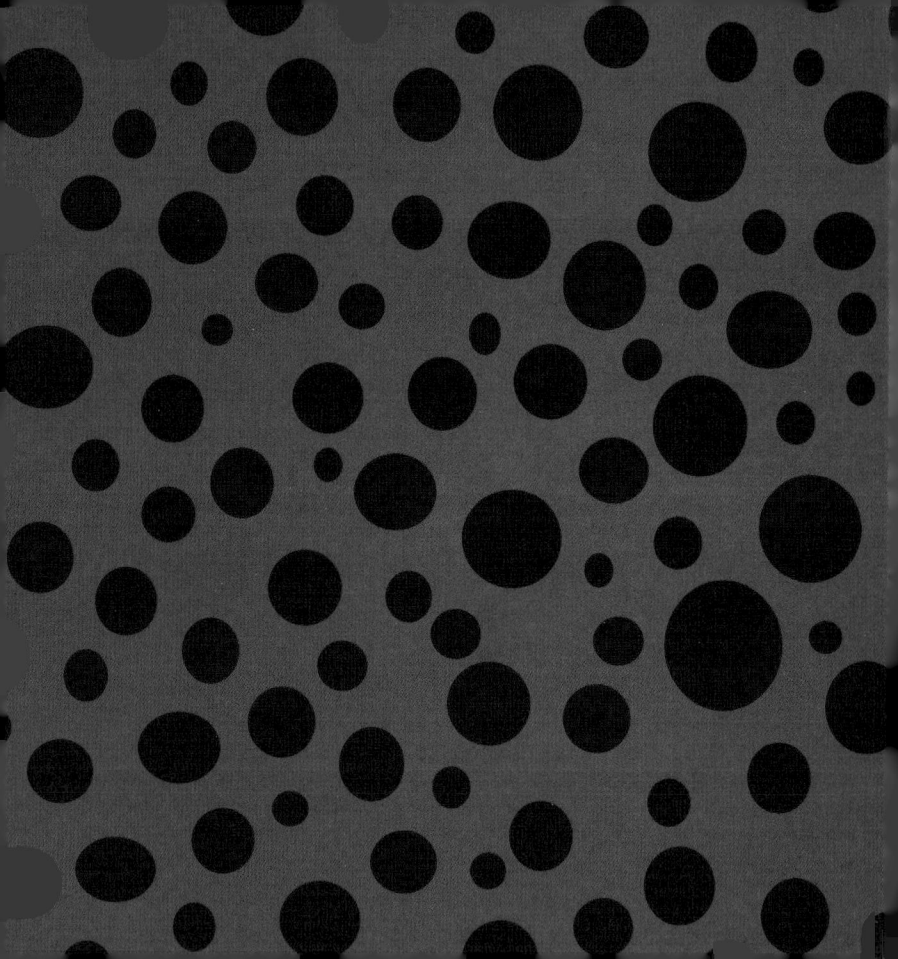